AF215474

Umschlaggestaltung und Fotos:

MUT ZUM GENUSS

Gedichte und Texte über den Genuss.

„Ein Leben ohne Freude ist wie
eine Reise ohne Gasthäuser".

Demokrit 400 v. Chr.

Günter Wülfrath

Bibliografische Informationen der Deutschen Nationalbibliothek:
Die Deutsche Nationalbibliothek verzeichnet diese Publikationen in der Deutschen Nationalbibliografie detaillierte bibliografische Daten sind im Internet über http://dnb.dnb.de abrufbar.

Herstellung und Verlag:
BoD – Books on Demand, Norderstedt
ISBN: 9783748181910

Nicht den Tod sollte man fürchten,
sondern dass man nie beginnen wird
zu leben.

Markus Aurelius (Römischer Kaiser)

Literatur und der Mut zum Genuss

Jene, die bei dem Thema Genuss noch misstrauisch sind, werden um eine objektive Betrachtung der in diesem Büchlein versammelten Texte gebeten.

Verbringen sie einige genussvolle Stunden, wo immer sie auch sind.

Lesen sie was passiert, wenn sich die Literatur mit dem Genuss beschäftigt.

Texte, die sich mit dem Genuss im weitesten Sinne dem Genießen beschäftigen, sollen den interessierten Freundinnen und Freunden der Literatur nicht vorenthalten werden.

Ob sie in einer gemütlichen Probierstube, in einem schönen Restaurant, in einem Weinkeller oder im eigenen Wohnzimmer sind, ist nicht so besonders wichtig, es geht auf den folgenden Seiten zuallererst um das Genießen.

Sie sind aufgerufen, sich dem Titel dieses kleinen Buches hinzugeben.

„Von Zeit zu Zeit muss man einmal sündigen, sonst verliert man den Spaß an der Tugend."

Diesen wunderbaren Spruch hat uns die 1985 gestorbene Lyrikerin und Kinderbuchautorin Ilona Bodden hinterlassen.

Genuss ist etwas, über das einfache Menschen und verklemmte Kleinbürger schon immer wenig und wenn, dann hinter vorgehaltener Hand sprechen, weil sie Genuss für Sünde oder bürgerlichen Überfluss halten.

Der griechische Philosoph Demokrit verkündete schon 400 Jahre vor unserer Zeitrechnung:

„Ein Leben ohne Freude ist wie eine Reise ohne Gasthäuser".

Leider wird die Freude am Genuss, auch heute noch, viel zu oft auf essen und trinken reduziert. Doch es ist bedeutend mehr, es ist eine zum Leben gehörende Notwendigkeit.
Wer nicht genießen kann, verliert seine Sinnlichkeit und darum ist der Genuss, um genauer zu sein, das Genießen, unverzichtbar.

Die Schönheiten des Lebens können sich uns nur erschließen, wenn wir bereit sind, sie zu sehen, zu fühlen und zu hören, kurz gesagt, wir können mit dem Mut zum Genuss die schönen Seiten des Lebens selbst gestalten.

Dazu benötigen wir, wie gesagt, nur ein bisschen Mut. Wenn sie die Gelegenheit nutzen, sich mit der Literatur dem Thema Genuss zu nähern, kann der Mut zum Genuss zur Grundlage lebendigen Wirkens werden.

Allen Mutigen der folgende Spruch:

Ideen von selbstbestimmter Arbeit
Zukunftsträumereien
Lebensfreude im Kopf

Nutzen sie jede Gelegenheit, bei einem Glas Wein, bei der Betrachtung eines Bildes, beim fühlen des Windes auf einem Berggipfel, beim Geruch gemähter Wiesen und duftender Kiefernwälder, beim Anblick fröhlicher Kinder, bei allem was ihnen Freude bereitet, nicht zuletzt beim genießen der Liebe, mutig zu sein und sich mit Genuss zu belohnen.

Genuss ist eine Sinnesempfindung, welche körperliches und geistiges Wohlgefühl hervorruft.

Wenn man besonderes Glück hat, schließen sich die geistigen und körperlichen Empfindungen zu einem vollendeten Genuss zusammen.

Das können kulinarische Genüsse, wie ein gutes Essen, oder ein schmackhafter Wein ebenso sein, wie geistige Genüsse, z.B. das Hören von Musik oder das Lesen eines guten Buches sowie körperliche Genüsse, wie die Sexualität oder ein erfrischendes Bad.

Aber auch der Konsum von Kaffee, Tee, Kakao oder Süßigkeiten, wie Schokolade und Gebäck, kann zu einem Genusserlebnis werden.

Jeder Mensch empfindet das Genießen anders. Um genussfähig zu sein ist es notwendig, sich auf das Genießen einzulassen, sich dem Genuss sozusagen hinzugeben.

Weil jeder Mensch den Genuss auf seine ganz eigene Art wahrnimmt, sind die kulturellen und sozialen Unterschiede oft sehr gut zu erkennen, denn die Empfindungen von Genuss sind von der kulturellen und sozialen Prägung jedes einzelnen Menschen abhängig.

Während der eine schon einen Sonnenuntergang besonders genießen kann, braucht der andere möglicherweise die teuerste Unterkunft und einen exklusiven Champagner für seinen Genuss.

Wer von den beiden das eindrucksvollere Genusserlebnis hat, soll hier nicht untersucht werden.

Es ist völlig unerheblich, ob jemand Schlager genießt oder ob es die klassische Musik sein muss. Wichtig ist zu wissen, dass, wenn man sich darauf einlässt, ein frisches Bier einen genau so herrlichen Genuss hervorrufen kann wie das schlürfen eines besonderen Weines.

Der griechische Philosoph Epikur hat rund 250 Jahre vor unserer Zeitrechnung mit seiner Maxime, ein „lustvolles Leben" zu führen, die Philosophie des Genusses begründet.

Epikur stützt sich dabei auf die frühkindlichen Empfindungen, die er als das Streben nach Lust definiert.

Sehr einleuchtend ist seine Begründung, in der er formuliert, dass Kleinkinder, die noch von keinerlei sozialen Einflüssen geprägt sind, ihr Verlangen nach Lust, wenn es nicht erfüllt wird, sehr lautstark einfordern.

Als Schlussfolgerung aus der Lehre des Epikur bleibt die Erkenntnis,

„Dass es nicht möglich ist, lustvoll zu leben, ohne einsichtsvoll, vollkommen und gerecht zu leben, ebenso wenig, einsichtsvoll, vollkommen und gerecht zu leben, ohne lustvoll zu leben."

GLÜCK

Ganz gleich an welchem Orte,
es sind davon ein prächtiges Stück
die schön geschriebenen Worte.

g.w.

Lucius Annaeus Seneca, der römische Philosoph und Dramatiker, der im 1. Jahrhundert unserer Zeitrechnung lebte, hat einen klugen zum Thema „Genuss" passenden Satz hinterlassen:

„Weise Lebensführung gelingt keinem Menschen durch Zufall.
Man muss, solange man lebt, lernen, wie man leben soll"

In seinen Schriften empfahl er Verzicht und Zurückhaltung. Persönlich war sein Verhalten offensichtlich genau entgegengesetzt, denn er erwarb sein riesiges Vermögen bestimmt nicht durch Verzicht und Zurückhaltung.

Sein ungeheurer Reichtum machte ihn zu einem der mächtigsten Männer seiner Zeit.
Vom Jahr 49 an war er der maßgebliche Erzieher bzw. Berater des späteren Kaisers Nero.

Am Ende beschuldigte ihn der Kaiser, an einer Verschwörung zu seiner Ermordung beteiligt gewesen zu sein. Aus diesem Grunde befahl Nero ihm die Selbsttötung. Diesem Befehl kam Seneca notgedrungen nach.

Geblieben ist von ihm unter anderem die folgende philosophische Betrachtung:

„Wir sagen, das höchste Gut sei, gemäß der
Natur zu leben:
Die Natur hat uns zu beidem geschaffen,
zur Betrachtung der Welt und zum
Handeln."

Lucius Annaeus Seneca, römischer Philosoph

gesang auf den genuss

genuss ist wie ein weinberg
er fängt das sonnenlicht und presst es
als süße in die trauben

wer ihn nicht mag
ist zu bedauern bis ans ende seiner tage
traurig oder missmutig wird
sein freudloses leben
alle versuche dem genuss zu entsagen
werden seinen traurigen zustand
nicht beenden

nur wer den genuss zulässt
erkennt die grenzen zwischen
trauer und glückseligkeit
wer zu seinen schwächen steht
erkennt seine kraft
das leben gibt denen
die es lieben

genuss ist wie ein orkan
er fängt den wilden wind und presst ihn
als kraft in das leben

Eine erste Annäherung an den Genuss.

*Wenn du zu deinem Vergnügen
erst die Erlaubnis anderer Leute brauchst,
dann bist du wirklich ein armer Tropf!"*

Hermann Hesse (Steppenwolf)

GENUSS MIT KAFFEE

Wenn ich am Morgen
Früh aufsteh'
Ist alles in Ordnung
Kein Ärger bekannt
Kaffee

Regen ohne Unterlass
Dunkle Wolken
Wetter bei dem
Trübsinn entsteht
Kaffee

In den Zeitungen
Schlechte Nachrichten
Politiker lügen
Steigende Preise
Kaffee

Fernseh'n am Abend
Doch alles nur Mist
Der Tag voller Ärger
Ich habe genug
Kaffee

Und ist ab Morgen
Alles anders
Ist alles verändert
Und alles OK
Kaffee

GLÜCKLICHE ZEIT

Aufstehen am Morgen aus wärmendem Bett,
ablegend das bequeme Nachtkleidset.
Frischer Kaffee zum guten Erwachen
und das alles mit Frohsinn machen.

Mich badend unter der Brause Strahl,
jeden Tropfen genießend unzählige mal.
Abtrocknen, ankleiden mit Hose und Hemd,
Haare gewaschen, rasiert, gekämmt.

Das ist es was zum aufsteh'n gehört,
wenn alles erledigt, nichts mehr stört,
die Morgenzeitung zur Information,
Radiomusik klingt mit leisem Ton.

Wenn so erfrischend der Tag beginnt,
Müdigkeit im erwachenden Morgen verrinnt
und wenn ein gutes Frühstück bereit,
das nenne ich eine glückliche Zeit.

genuss

du junger wein
mit deiner frische
deiner goldenen farbe
deiner rubinroten tiefe
und deinem würzigen duft
noch bist du im fass
du kommst in die flasche
danach in das glas
der rest ist
genuss

ZUM WOHLSEIN

Vollmundiger Wein,
einer Weinstube Atmosphäre
stellt genüsslich sich ein,
kreuzt sich mit scharfen Duft der Käserei,
es riecht nach Krustenbrot vom heißen Stein.

Gekeltert zu Most
müssen die Trauben sein,
dann reift in den Fässern guter Wein,
und geht es uns schlecht, macht es uns Mut,
mit Wein, Brot und Käse geht es uns gut.

SO IST ER

So ist der Wein, rubinrot oder goldweißer Glanz,
in Schönheit farbig schwer, oder hell und frisch.
Die empfindliche Zunge schmeckt und erkennt ihn.
Der Genuss liegt auf der Erde gedecktem Tisch.

Einzigartig ist er, durch ihn erwachen die Sinne,
Freude schleicht sich ein bei seinem Genuss.
Sich selbst übertreffend wird er zur Hilfe,
ein Freudengesang gegen jeden Verdruss.

Er ist zu jeder Zeit für uns da. Er wird geliebt.
Ist Zauber aus Trauben, Erde und Sonnenlicht.
Aus Gläsern entsteigen berauschende Düfte,
es schwebt die Lust vom Dunkel ins Licht.

So ist der Wein, rot oder weiß, ein bunter Reigen.
Nimm das Glas, den kostbaren Trunk, in die Hände.
Nach dem Geschmack der Tannine am Gaumen,
folgt die Befreiung und ein genüssliches Ende.

WIE DER WEIN INS GLAS KOMMT

In der Reben schlanken Reihen
räkelt sich der Sonnenschein,
breitet seine Wärme aus,
bringt die Süße in den Wein.

In der Kelter großen Pressen
mischt der frische Most sich ein,
breitet seine Sonne aus,
bringt Charakter in den Wein.

In den Gewölben kühler Keller
schaltet sich die Gärung ein,
breitet ihr Aroma aus,
bringt zum reifen unsern Wein.

In der Gläser bauchige Form
füllt man das Ergebnis ein,
breitet sich die Blume aus,
entsteht Genuss mit gutem Wein.

KAISERSTUHL,
oder das Glück der Erinnerung

Beschwipst sitzen wir in der Sommernacht,
vom gutem Essen der Hunger gestillt.
Lächelnd, mit geöffneter Flasche
unsere Gläser zu füllen, naht die Kellnerin.

Später bringt zum Wein uns der gute Wirt
herzhaften Käse und krustiges Brot.
Lange schmecken unsere Gaumen
edle Speisen noch und süffigen Wein.

Dem Zauber des Genusses verfallen singen
wir trunken unsere Lieder laut in die Nacht.
Dem fröhlichen Bacchus zu huldigen
das ist des Weines und der Lieder Sinn.

Zu später Stunde manch Gläschen geleert,
satt sind wir - und müde vom trinken.
Wenn wir dann in die Kissen sinken;
umarmt uns, mit seinen Träumen, der Schlaf.

reifezeugnis

trauben am rebstock
rohstoff für weiß oder rot
weinberge sanft sich erheben
sonne ist der reben brot

bienenfresser im bunten gewand
smaragteidechsen am stein
genießer feiern feste
könig ist immer der wein

es sind die guten tage
der trauben reifezeit
winzer erwarten die ernte
sind zur lese bereit

bald wirst du es erleben
aus erde arbeit und schweiß
wird sich guter wein erheben
sein reifezeugnis ist der beweis

UNWISSENHEIT

Auch Biertrinker
können Wein
trinken
und genießen.
Aber weder die Trunkenheit
und schon gar nicht
ihre Verursacher
wissen,
welche sinnlichen Bilder
des Rausches
vom Bier
oder vom Wein kommen.

DAS GLAS

Liebe Freundinnen und Freunde des Genusses, mir ist nicht bekannt wer der Autor der folgenden Geschichte ist. Weil sie aber so wunderbar zum Thema Genuss passt möchte ich sie hier nacherzählen.

Ein Philosophie-Professor stand vor seinen Studenten und hatte ein paar Dinge vor sich liegen.

Als er seinen Vortrag begann, nahm er ein großes leeres Einkochglas und füllte es bis zum Rand mit großen Steinen.

Anschließend fragte er seine Studenten ob das Glas voll sei?

Sie stimmten ihm zu.

Der Professor nahm einen Beutel mit Kieselsteinen und schüttete sie ebenfalls in das Glas und schüttelte es leicht. Die Kieselsteine rollten natürlich in die Zwischenräume der größeren Steine.

Dann fragte er seine Studenten erneut, ob das Glas jetzt voll sei?

Sie stimmten wieder zu und lachten.

Der Professor seinerseits nahm einen Becher mit Sand und schüttete ihn in das Glas. Natürlich füllte der Sand die letzten Zwischenräume im Glas aus.

Nun, sagte der Professor zu seinen Studenten: Ich möchte, dass sie erkennen, dass dieses Glas wie ihr Leben ist! Die Steine sind die wichtigen Dinge im Leben: ihre Familie, ihr Partner, ihre Gesundheit, ihre Träume, ihre Kinder, Dinge, die - wenn alles andere wegfiele und nur sie übrig blieben - ihr Leben immer noch erfüllen würden.

Die Kieselsteine sind andere, weniger wichtige Dinge wie z.B. ihre Arbeit, ihre Wohnung, ihr Haus oder ihr Auto.

Der Sand symbolisiert die ganz kleinen Dinge im Leben. Wenn sie den Sand zuerst in das Glas füllen bleibt kein Raum für die Kieselsteine oder die großen Steine. So ist es auch in ihrem Leben, wenn sie all ihre Energie für die kleinen Dinge in ihrem Leben aufwenden, haben sie für die großen keine mehr.

Achten sie auf die wichtigen Dinge, achten sie auf ihre Gesundheit, nehmen sie sich Zeit für ihre Kinder oder ihren Partner.

Es wird noch genug Zeit für Arbeit, Haushalt und Zerstreuung übrig bleiben.

Achten sie zuerst auf die großen Steine, sie sind es die wirklich zählen. der Rest ist tatsächlich nur Sand.

Nach dem Unterricht nahm einer der Studenten das Glas mit den großen Steinen, den Kieseln und dem Sand - bei dem mittlerweile sogar der Professor zustimmte, dass es voll war - und schüttete ein Glas Wein hinein.

Der Wein füllte den noch verbliebenen Raum im Glas aus; dann war es wirklich voll!

Die Moral von der Geschichte:

Egal wie erfüllt ihr Leben ist, es ist immer noch Platz für ein Glas Wein.

Ich sage zum Schluss:

"Ein Glas ohne Wein ist wie ein Frühling ohne Blüten."

g.w.

rot wie blut

wenn einer was vom weine kennt
dann ist es unser winzer
die farbe des weines rot wie blut
fördert des genießers mut

wir spüren unsere sinne
sitzen auf blumiger wiese im gras
genießen den traumhaften rebensaft
und der genuss ist unser maß

Der russische Erzähler und Dramatiker Maxim Gorki formulierte einmal wunderbar die zwei Seiten unserer Welt.

Wissenschaft ist der Verstand der Welt, die Kunst ihre Seele.

ein leerer kopf

ein leerer kopf
der gedankenlos ist
wird zum freudlosen leben
weil die muse ihn vergisst

ein volles glas
das ihm avancen macht
bacchus bringt köstlichen wein
der seine lust entfacht

ein voller kopf
in dem ideen ranken
wird zum freudvollen leben
dem weine ist zu danken

Trunken müssen wir alle sein!
Jugend ist Trunkenheit ohne Wein.
Trinkt sich das Alter wieder zur Jugend
so ist es wundervolle Tugend,
für Sorgen sorgt das liebe Leben
und Sorgenbrecher sind die Reben.

Johann Wolfgang v. Goethe

ROTWEIN

Dieser Rotwein,
nach dessen Genuss du
immer wieder dich selbst
erkennst.

Dieser Rotwein,
der dich so verändern kann,
dass du nicht mehr weißt
wer du bist.

Dieser Rotwein,
trotzdem er trunken macht,
ist zu schade um darauf zu
verzichten.

ausschlafen

der wein gießt seinen sonnenschein
in unser tägliches leben
und traurigkeit die uns bedrückt
wird es bald nicht mehr geben

wir nehmen das probierglas her
und suchen im keller die fässer
werden die rebstöcke blank und leer
wird der wein immer besser

durch unsere kehle rinnt der wein
in einem gastlichen winzerhaus
wenn der sandmann uns erwischt
schlafen wir unsere räusche aus

DIE ZECHER

Wir trinken genüsslich den Wein,
sinnlich, langsam, gepflegt.
Frieden stellt sich wohlig ein,
der sich auf unsere Sinne legt.
Wir schmecken die fruchtigen Trauben
und genießen – sind froh und erregt.

Und wenn wir im Trunke versunken
wärmt uns Bacchus Sonnenschein.
Wer nüchtern, wird uns beneiden
und künftig auch ein Zecher sein.

ESSEN, TRINKEN, WOHNEN

Es zerspringt das Holz im Kamin.
Wohlige Wärme umfängt unser Sein,
der Flammen Formen immer neu,
alles damit Geborgenheit sei.

Duft von Käse zieht durch das Haus,
Rotwein leuchtet tiefes rot,
berauschende Kräutergerüche,
das ganze Haus eine einzige Küche.

Im Kamin knistern letzte Scheite,
Glut allmählich im Dunkel versinkt.
Satt sind wir, müde vom Wein,
mit einem Lächeln schlafen wir ein.

IM WEINLAND

Um mich Reben, über mir Sonnenschein.
Blauer Himmel und sanfte Hügel
küssen sich am Horizont.

Um mich Blumen, über mir bunte Vögel.
Prächtige Weinberge und reife Trauben,
warten auf die Kelter.

Um mich Winzer, über mir Kellergewölbe.
Goldener Wein und roter Wein
streicheln meinen Gaumen.

Um mich Leben, über mir das Glück.
Dunkle Wolken und tiefe Finsternis
vertrieben von göttlichem Rebensaft.

rezept

durch meine kehle rinnt süffiger wein
rückt falten in meinem kopf zurecht
ruhige gedanken strömen in die seele
entzerren der gedanken geflecht

zufrieden sitze ich in bunter wiese
die sich wunderbar um mich erstreckt
wärmende erde befreit von der kälte
und der wut die mich erschreckt

An dieser Stelle wollte ich ein wenig über das Genießen in der Gemeinschaft schreiben.

Nach einer ganzen Weile, während ich erfolglos nach den richtigen Worten gesucht, habe ich die folgende wunderbare Beschreibung von Friedrich Schiller gelesen.

Der Geschmack befördert nicht nur unsre Glückseligkeit, sondern zivilisiert und kultiviert uns auch. Der Mensch darf nicht ganz allein genießen, sondern muss auch bedacht sein, sein Vergnügen mitzuteilen.

Allgemeine Mitteilbarkeit seiner Empfindungen muss sich der Mensch zum Gesetz machen.

Friedrich Schiller

*Guter Wein und guter Käse sind wie
Liebende, nur wenn sie zusammen sind,
entwickelt sich der volle Genuss.*

g.w.

die eltern des weines

wenn wir unterm weinlaub sitzen
in weinstub oder strauße
roten oder weißen trinken
können wir die wunder fühlen
die im weinland winken

und damit wir das nie vergessen
müssen wir zur lese gehen
denn in sonnigen reben
sind die eltern des weines
zu sehen

wunschtraum

als wir
im nebel unserer trunkenheit
alle waffen in einem schwarzen loch
verschwinden sahen
haben wir uns ganz fest gewünscht
dass sie niemals vergehen darf
die zauberhafte kraft
vom wunderbaren
rebensaft

Der muss nicht in Flammen stehen
der über Flammkuchen schreibt,
ein bisschen brennen sollte er aber doch.

g.w.

Flammkuchen,
Flammenkuchen oder *Flammekueche*

Wenn in früheren Zeiten im Elsass die Bauern wissen wollten, ob der dörfliche Backofen heiß genug für das zu backende Brot war, wurde Brotteig ausgerollt und mit einer Masse aus leicht gesalzenen und gepfefferten Zwiebeln, Speck und Sauerrahm belegt. Dann wurde er mit starker Hitze für kurze Zeit im Holzbackofen gebacken.

Dieser Backvorgang erlaubte es den Bauern, die Temperatur des Ofens einzuschätzen.

Wurden die Flammkuchen zu schnell dunkel, musste mit dem Backen des Brotes gewartet werden, bis der Ofen etwas abgekühlt war.

Wenn die Flammkuchen zu lange im Ofen bleiben mussten um goldbraun zu werden, musste der Ofen noch nachgeheizt werden.

Der „Flammkuchen" bekam seinen Namen weil er in den Ofen geschoben wurde, bevor die Flammen vollständig aus gelodert waren.

Also nicht die Glut empfing die zu backenden

Flammkuchen beim anheizen des Ofens, sondern die lodernden Flammen.

Zum Flammkuchen passt ein kühler, trockener Weißwein. Besonders gerne trinke ich: Riesling, Pinot blanc, Weißburgunder, Pinot bianco oder einen trockener Chablis.

FLAMMEKUECHLE
alemannisch

Frischen Brotteig in Stücke zerteilt
muss abgedeckt ein wenig Ruhe spüren,
danach Quark und Sauerrahm,
mit Salz und Pfeffer gut verrühren.

Zwiebelringe und gewürfelter Speck
mit Margarine und Salz vermischen.
Oder das ganze mit Öl oder Butter,
um den besten Geschmack zu erwischen.

Abgekühlt wird der Teig ausgerollt
in die gefettete Backform gesteckt.
Zwiebel in der Pfanne glasig gedünstet,
mit Salz und Pfeffer abgeschmeckt.

Den Teig am Rand der Form hochgezogen,
die Speck-Zwiebel-Masse hinein gegeben.
Darüber, Milch, Eier und Sauerrahm
gleichmäßig auf die Kuchenmasse legen.

Wenn alles gut in die Form gegeben
wird es in den warmen Ofen geschoben.
Nach einer guten halben Stunde ist schön,
der Flammkuchens knusprig anzusehn.

Auch die Liebe bietet Genuss.

*Die Summe unseres Lebens
sind die Stunden,
in denen wir liebten.*

Wilhelm Busch

frühling

die tage werden merklich länger
und die sonne scheint heller
meine türen stehen weit offen
lass mich nicht warten

in meiner küche früchte und brot
offen die flasche mit würzigem wein
meine sehnsucht nimmt zu
lass mich nicht warten

EROTISCHER TRAUM

Nackt liegt sie auf kühlem Grund,
die Haare rahmen ihr junges Gesicht.
Ihre Brüste wölben sich sinnlich, rund,
sie scheint zu schweben ohne Gewicht.

Ihr Lächeln ist lockender Traum,
ihr Schoß unter Kraushaar versteckt.
Leuchtende Augen erhellen den Raum,
wenn sie sich dir entgegenstreckt.

Du umarmst sie mit Ängsten voll,
fürchtend das alles nur Schein.
Doch du träumst, bist liebestoll
und möchtest vor Freude laut schrei'n.

DIE BESSERE HÄLFTE

Dein Morgenkaffee so schwarz,
rinnt wie Feuer durch meine Kehle.
Die unendliche Kraft deiner Seele,
fließt wie bei den Bäumen das Harz.

Der Waldesboden, feucht und dunkel,
wird heller durch deiner Augen Licht.
Wenn ein neuer Tag anbricht,
versteckt sich der Sterne Gefunkel.

Der Sonnenschein, warm und hell,
strahlt wie die Liebe von innen.
Wenn auch die Jahre verrinnen,
wahre Liebe ist niemals schnell.

Der Gemeinsamkeit gehört das Haus.
Du bist die bessere Hälfte für mich,
wie ich die andere für dich.
Wenn es so bleibt - ist es nie aus.

DU NIMMST MICH WIE ICH BIN

Hier meine Hände, sie werden dich halten,
bei Regen, bei Sonne und Stürmen.
Trotz mancher Gründe mir zu zürnen,
verzeihst du mir mein Haare spalten.

Mir wird klar, ich erkenne darin,
dass ohne Toleranz keine Liebe ist,
dass du oft die Klügere bist
und ich zumeist der Dumme bin.

Ich habe gelernt dich zu versteh'n,
möchte auf deine Wünsche eingeh'n.
Damit das Feuer lodert und glüht
und in der Wärme die Liebe blüht

ES KLOPFT UND ZITTERT

Mein Herz klopft wie Glocken im Turm,
stumm, dröhnend ruft es - Du!
Der Himmel der uns umgibt
wölbt dem Horizont sich zu.
Mein Glück ist, - dass es Dich gibt.

Mein Herz zittert wie Gras im Wind,
mit allen Fasern fühlt es - Du!
Ich bin noch immer verliebt,
Liebes, ich kann nicht dazu.
Mein Glück ist, - dass es Dich gibt.

DU

Du berührst mich sanft,
mein Herz schreit vor Lust.
Du hörst es nicht
in meiner Brust.

Wenn ich dich fühle,
habe ich Gänsehaut.
Du tust mir gut,
bist so vertraut.

Du bist mein Leben
und ich bin nicht allein.
Wenn du mich verlässt,
werde ich einsam sein.

WORAN LIEGT ES DASS DU MICH LIEBST

Unordentlich bin ich, bequem.
Den Tag unsrer Bekanntschaft
hab ich vergessen,
selten schenk ich dir Blumen.

In's Haus mit schmutzigen Schuhen,
die Hosen und Jacken
schlecht behandelt,
überlass gedankenlos dir die Pflege.

In die Kneipe geh' ich gern,
Bier in Gemeinschaft besonders
gut schmeckt.
Häufig trinke ich viel zu viel Wein.

Ohne Einsicht, verbissen, stur,
im Streit steh' ich mir ständig
im Wege.
Das muss das schlechte Gewissen sein.

Das ich dich liebe, sag' ich dir nicht.
was ist der Grund, so frage ich,
- Liebes -
warum liebst du mich?

HÖRST DU SIE

Ich träume
du erhellst meine Nacht
liegst bei mir
es ist Musik in der Luft.

Finsternis vertrieben
erwachend Lieder klingen
Melodien wie du,
hörst du sie auch?

SONETT VOM VERLUST

Ich denke jede Minute an dich,
an deinen Liebreiz, dein Herz,
denn das alles vermisse ich,
die Erinnerung ist tiefer Schmerz.

Die Nöte meiner Gedanken,
umschließen meine Welt.
Geister die wie Efeu ranken,
haben mich gefangen, umstellt.

Meine Geschichte treibt vorbei,
ich kann sie nicht ändern.
Vergangen, nicht nur die Triebe.

Meine Gefühle die angeblich frei,
könnten sorglos schlendern,
jedoch mir fehlt deine Liebe.

SPÄTBURGUNDER

Der samtige Geschmack
erfüllt meinen Gaumen
bis zur Trunkenheit.
Sein diamantenes Rot
verführt mich.
Mit der Liebe
erfüllt er sich,
mein Burgundertraum.

ROSENBETT

In das Doppelbett
unserer Liebe
will ich Rosen streuen,
dass die roten Blütenblätter
uns zärtlich bedecken.

Und ihren süßen Duft
sollen die herrlichen Blüten
auf unsere Liebe verströmen.

WASSERMELODIE

Die prasselnden Tropfen
des Regens,
spülend den Staub
von der Haut,
sind brausende Melodien
des Herzens.
Hörst du sie?
Die Musik hinter dem Regen
wird klingend und laut.
Berauschend
hüllt sie mich ein,
lässt mein Herz zerspringen.

ICH WILL SIE ZURÜCK

Gib mir die Erinnerung zurück!
Das Glück mit dir,
deine Zärtlichkeit,
deinen Duft,
die gemeinsame Zeit,
das zärtliche streicheln
deiner Hände.
Glückliche Spiele,
um die Welt zu vergessen.

EINSICHT

Dass du meine Launen aushältst
und meine Unduldsamkeit,
dass du deine Wünsche
oft wiederholen musst,
weil ich nur daran denke,
wie ich meine Texte schreibe,
das liegt daran,
dass ich so vergesslich bin.

Wenn die Liebe halten soll,
braucht es ein gutes Gedächtnis.

WIRST DU KOMMEN

Das Jahr geht allmählich zu Ende,
der Winter meldet sich an.
Ich warte auf dich, mein Haus ist offen.
Sag - wirst du kommen?

Im Kamin spenden Flammen Wärme,
das Holz das ich heute geschlagen,
duftet harzig, noch bin ich allein.
Sag - wirst du kommen?

Genießen wir die Natur,
erfassen wir sie mit allen Sinnen.

Jeder der sich die Fähigkeit erhält,
schönes zu erkennen,
wird nie alt werden.

Franz Kafka

NATUR GENIEßEN

Liebe Freundinnen und Freunde des Genießens, bitte fassen sie Mut und lassen sie sich auf eine ganz eigene Art des Genießens ein.

Machen sie mit mir eine Reise durch die Natur, welche leider viele Menschen an sich vorbei ziehen lassen, wenn sie mit dem Auto, dem Flieger oder der Bahn durch die Länder hetzen.

Viel vernünftiger sind die Benutzer von Drahteseln, die mit ihren Rädern das Flair der Landschaften ziemlich intensiv spüren können.

Mit dem Fahrrad durch Wiesen, Felder und Wälder zu fahren bietet eine sehr genussreiche Form des Naturerlebens.

Die Augen erfassen die Farben des Himmels mit den unterschiedlichsten Wolkenformen, das Grün der Wiesen mit ihren bunten Blumen oder die vom frischen Grün bis zum blaugrau reichenden Farben des Waldes.

Eine weitere Möglichkeit bietet unser Geruchsinn. Mit ihm gelingt es uns, die Gerüche der Landschaften in unser Innerstes zu befördern.

Der Geruch der Bäche und Flüsse, der reifen Getreidefelder und der duftenden Blumenwiesen. Der Wald mit seinen vom Werden und Vergehen geprägten ganz eigenen Gerüchen oder der Duft vom Heu der gemähten Weiden erreicht unsere Nase – *wenn wir es wirklich wollen* - genau so wie die Gerüche der weidenden Schafe, der Rinder und der Duft von Leder und

Stall, der die grasenden Pferde umweht.

Wer das alles erleben will, muss sich zuerst einmal auf diese Form des Genießens vorbereiten.

Das gelingt am Besten mit der ältesten und ursprünglichsten Art der Fortbewegung des Menschen, mit dem Gehen, wobei ich hier zwischen Laufen, Spaziergang und Wanderung nicht besonders unterscheiden will.

Entschleunigung, als einen wichtigen Bestandteil für die Erweckung ihrer Sinne, sollten sie an den Anfang ihrer Genussreise stellen.

Nehmen sie sich ausreichend Zeit, ihre Tour zu planen.

Berücksichtigen sie nicht nur Entfernungen, beachten sie auch die Eigenarten der jeweiligen Topografie und vergessen sie nicht die Sehenswürdigkeiten.

Nutzen sie die oft und gerne mitgeteilten Informationen der einheimischen Bevölkerung.

Planen sie zum vollkommenen Genuss ruhig ausgedehnte Pausen ein.

Von einer kleinen Wanderung, die zu einem großen Genuss geworden ist, möchte ich hier berichten.

Folgen sie mir zu einem Genusserlebnis in das Fischer- und Bauerndorf Fischerhude.

Östlich von Bremen befindet sich Fischerhude an der Wümme im Flecken Ottersberg. Der Ort ist vor lauter Bäumen leicht zu übersehen.

Selbst der Kirchturm versteckt sich hinter riesigen Bäumen.

Die mit Kopfsteinpflaster versehenen kleinen Straßen vermitteln den Eindruck eines friedlichen, ein wenig verschlafenen Dorfes.

Nach einer ersten Orientierung machen wir uns auf den Weg.

Vorbei an der in der Mitte des Dorfes liegenden sattgrünen Dorfwiese, dem mit Reet gedeckten Heimathaus „Irmintraut" und der Kirche erreichen wir die Straße „Im krummen Ort", ihr folgend kommen wir an den Mittelarm der Wümme.

Das Flüsschen wird in der Nähe der alten Wümme-Schleuse auf einem malerischen Holzsteg überquert. Nun tauchen wir ein in die Wunderwelt der Natur.

Im Schatten der Bäume tummeln sich auf dem Wasser Enten in großer Zahl. In den wie Spielzeughäuser wirkenden, auf Pfählen ins Wasser gebauten Entenhäusern, kann das bunte Federvieh Schutz vor Unwetter finden.

Die Wanderung führt uns nun entlang des Wümme-Mittelarms über den „Speckmann-Weg" und den „Otto-Modersohn-Weg". Wegnamen, die an Künstler und Persönlichkeiten des Dorfes erinnern.

Auf einer der am Wegrand stehenden Bänke lassen wir uns zu einer Rast nieder. In der Sonne sitzend, die Wümme im Rücken, den weiten Himmel vor uns, bestaunen wir die Sonnenstrahlen, die zwischen schier unglaublichen Wolkentürmen auf die sattgrün gefärbten Wiesen und Felder, auf die Schatten spendenden Buchen und Eichen fällt und wir erkennen, wie sich das Blau des Himmels in den Wassern der Wümme spiegelt.

Die Stimmung, die von diesem Bild ausgeht, versetzt uns in eine bisher nicht gekannte Ruhe und wir empfinden, inmitten unserer zerstrittenen und hektischen Welt, einen wundervollen Frieden.

Das alles ist ein solch wunderbares Erlebnis, dass selbst ein Schluck Wasser zu einem Genuss wird, den kein Champagner übertreffen kann.

Dieses Beispiel ist ein kleiner Ausschnitt aus meinem Buch „Vom Workaholic zum Sinnfinder", dass 2018 erschienen ist.

ABENDHIMMEL IM JUNI
Über ein Bild des Malers DAX, Föhr.

Grelles Licht, der Himmel brennt,
bin ohne Angst und fühle Lust.
Mein Herzschlag wie ein Sprinter rennt,
freudige Erwartung hebt meine Brust.

Auf grüner Wiese liege ich,
sehend des Weges Unendlichkeit.
Blauer Himmel tröstet mich,
am Ende der hellen Tageszeit.

Farbige Natur in voller Pracht,
unter der unendlichen Wolkenfülle,
mustert die Sonne Inseln ins Grün.

Brennender Himmel vor der Nacht,
deutlich hörend trotz innerer Stille,
der Farben Musik unglaublich kühn.

TRAUMTAG

An jedem strahlenden sommerheißen Tag,
an dem Luft durch Sonne sichtbar wird,
das grillengezirpte Lied der Natur erklingt
und mich in die Netze der Träume schirrt.

Bin ich in Netzen verzaubert, verwoben.
Das Glück zwischen Tag und Traum versteckt,
strahlender Himmel blaut den See in Azur,
in ihm hat Sonne flüssiges Silber entdeckt.

Und wandelt der Tag sich zur Nacht,
kommt leise die blaue Stunde
in der uns die Seele erzählt,

was froh und glücklich macht.
und wie man in froher Runde
das Glück aus den Träumen schält.

GEMÜTLICHKEIT

Wenn die
Luft voller Schneeflocken ist,
das Land weiße Decken bekommt,
scheint die Natur einzuschlafen.

Wenn die
Häuser Hauben bekommen,
Rauch aus den Kaminen steigt,
entfaltet sich Gemütlichkeit.

Wenn die
Heizung vor Frost uns schützt,
Glühweinduft zieht durch das Haus,
ist auch der Winter schön.

Wenn die
Freunde uns besuchen kommen,
Freude und Frohsinn verbreiten,
ist uns nicht mehr beklommen.

FRÜHLINGSERWACHEN

Frische Knospen, aufbrechend
an grünenden Zweigen,
treibend aus atmenden Wurzeln,
dringt der Frühling zum Licht.

Kräftiges Grün, sprießend
aus wärmender Erde,
zeigend den natürlichen Kreislauf,
entsteht Natur immer neu.

Zarte Sonnenstrahlen, aufblitzend
zwischen weißen Wolken,
begrüßend das erwachende Land,
übernimmt die Sonne das Zepter.

Wunderbare leichte Poesie, klingt
aus singenden Blütenkehlen,
tönend mit frohen Herzen,
singt das Jahr ein neues Lied.

Frische Gedanken, durchdringen
den neugierigen Geist,
erkennend den Lauf der Natur,
erwacht meine Lust am Leben.

URLAUB

Nach sommerlicher Nacht,
am Morgen frisch aufgewacht.
Ich freue mich sehr,
mein Urlaubsfeuer ist entfacht.

Die Berge so majestätisch,
die Wiesen wunderbar bunt.
Ich fühle Glück
und meine Seele wird gesund.

Im Wasser spiegelt die Sonne,
blitzt auf silbernem See dahin.
Ich denke alles ist schön,
ganz gleich wo ich in Urlaub bin.

DAS WUNDER DER NATUR

Wie jedes Jahr
der Jahreszeiten Wechsel,
obwohl bekannt,
kommt uns wunderlich vor.

Über des Winters weiße Fläche
erhebt sich des Frühlings Farbenpracht.
Was grau und farblos sich zeigte,
gestorbene Sträucher und Äste,
wird plötzlich saftig und grün.

Aus üppig blühenden Blumen
und sprießenden Knospen
saugen fleißige Honigbienen
den Nektar süß und frisch.

Das Leben im Frühling
brennt wie Zunder.
Jedes Jahr gleich,
doch immer
ein Wunder!

BLUMEN

Ich habe die bunten Blumen
in vielen Jahren geseh´n
wie sie auf Feldern und Wiesen
und in unseren Gärten steh'n.

Am schönsten scheint die Rose,
dornig ist sie, nicht glatt
und doch die Blume der Liebe,
weil sie so viele Verehrer hat.

Der Blumen Blüte ist ein Zauber
und in der süßen Sommerzeit,
sind sie wie schöne Frauen
um die ich gerne gefreit.

Doch wenn sie noch so strahlen
und sei es im schönsten Purpur,
alle Blumen müssen welken
das ist der Kreislauf der Natur.

LEBENSFARBE

Lass es wirken!

Unter stolzen Tannen
mit ihren grünen Nadeln.
In des Waldes Kathedrale
werden des Lebens Kümmernisse
in sanfter Ruhe vergehen.
Keine Unruhe breitet sich aus,
in von Bäumen behüteter Pracht.
Der Tannen grünes Kleid
ist das Fundament
der lebendigen Natur.

Grün ist die Farbe
des Lebens.

DIE INSEL

Der Wind streichelt mich und beugt die Bäume
Ich schließe die Augen und spüre genau
Heute ist so ein Tag, von dem ich oft träume
Wind treibt die Wolken, der Himmel wird blau.

Unter den Füßen, ich spüre den Sand,
Zwischen die Zehen dringt er schnell.
Mein Weg zwischen Brandung und Strand.
Sonne im Wasser, wie Silber, so hell.

Ich dehne mich mit wohligem Schauer.
Und fühle mich wie Hans im Glück
Traumhafte Stimmung, die mich entspannt.

Und ist die Wirklichkeit auch viel rauer,
Ich suche mir gerne ein glattes Stück.
Und finde es auf der Insel am Strand.

WINTERGENUSS

Wolken, Berge, Pulverschnee,
leuchtende Sonne, Schneekristall.
Tiefblauer Himmel, überall,
das ist es was ich im Winter seh'.

Schritte knirschen in weißer Spur,
leise fällt Schnee von den Bäumen.
So ein Winter lässt mich träumen,
von schöner und gesunder Natur.

Wandern, steigen, schauen,
denken, träumen, schweigen,
aus der Kanne Glühwein gießen.

In der Kälte gefrierende Brauen,
auch wenn das dem Frost so eigen,
kann man es trotzdem genießen.

im park

im park da finde ich ruhe
und frieden stellt sich ein
sträucher und blumen blühen
so sollte es überall sein

vögel mit ihrem gezwitscher
und ihrem kunstvollen fliegen
können mit ihrem frohsinn
meinen kummer besiegen

wo die menschen spazieren
in ruhigem müßigen gang
träume ich vom glücklich sein
und von fröhlichem gesang

dunkel wird es im park
die sonne geht nach haus
und es breitet über alle wesen
die nacht ihre schutzdecke aus.

**Auch zwischen Herbst und Frühling
bietet die Natur uns Genuss.**

*Mit dem Genius steht die Natur im ewigem
Bunde. Was der eine verspricht,
leistet die andre gewiss.*

Fr. Schiller

weihnachtsduft

lasst ihn nur ein
den printen- und schokoladengeruch
genießt es froh
im rauch brennender kerzen
entschwindet
der hass

umarmt ganz fest den frieden
im duft aus weihnachtsplätzchen
haltet ihn fest
gebt mit offenen herzen
eure liebe allen menschen
ohne unterschied

lasst ihn nur ein
den duft der weihnachtsplätzchen

winterschlaf

das land ist vom schnee bedeckt
die natur in kälte erstarrt
unsere schritte knirschen
geheimnisvoll ins ohr

schneefall erstickt die geräusche
atemlos verhält die natur
doch unter eisigem panzer
drängt der frühling hervor

hoffnung

sie sind kahl und verdorrt
ausgetrocknet bis zu den wurzeln
weit entfernt von frühling und
lange noch ohne grün

ragende äste und zweige
nackt wie weidenruten
bewegen sich elfen gleich
wie wedelnde fächer
dem leben zuwinkend

und wintertrockene bäume
singen leise
es ist kaum zu hören
doch es klingt ganz fern
aus den tiefen der wurzeln
des frühlings lied

jahreskreis

nach der langen winternacht
beleuchtet die sonne
unsere tage
aus der schneebedeckten kälte
drängt hinaus das frische grün

in wärmer werdender luft
rauscht heran
die frühlingszeit
blütenkelche glänzen
in bunter vielfältigkeit

nach des winters kälte
dringt die wärme
in das leben
und die knospen der liebe
erobern unsere herzen

des frühlings frische farben
beleuchten das leben
und die natur
vollenden den jahreskreis

nachhaltig

ein schreiber aus dem bergischen land
träumte geistesblitze gedruckt in der hand
leider gab es keinen vertrag
mit einem verlag
doch seine blitze leuchten durch's land

Wer eine Heimat hat, der muss sie
auch genießen.

*Es ist nicht wenig Zeit, die wir haben,
sondern es ist viel Zeit,
die wir nicht nutzen.*

Lucius Annaeus Seneca, römische Philosoph

Wuppertal

Unter dem Stahlgerüst filigran und hoch,
fließt der Fluss von Farbe bunt,
wie ein fröhlich singender Mund,
rauschend über steinigen Grund.

Wo Regen das normale ist,
perlende Schnüre gebildet vom Nass.
Wo eine Sonne frei von Hass,
scheint in jedes Regenfass.

Wo die Menschen knorrig sind,
Häuser freundlich mit offenen Toren,
wo man niemand gibt verloren
werden alle mit Schirm geboren.

In dieser Heimat bin ich zu Haus.
Wo es grün ist überall
ist unüberhörbar der Vokal,
Regen gehört zu Wuppertal.

erinnerung an die heimat

die bäche rauschen und singen lieder
fröhlich durchs bergischen land
ich erkenne die heimat wieder

die häuser mit fachwerk und schiefer
mit grünen fensterläden und rotem dach
die erinnerung reicht immer tiefer

durch die landschaft schritt für schritt
arbeitspferde die lang schon vergangen
gehen in der geschichte immer mit

sonne und wolken regen und schnee
sind die natürlichen rahmen der heimat
die ich immer vor mir seh'

meine heimat

grüne kuppen murmelnde bäche im tal
verwunschene orte tief versteckt
hinter farn und spinnenweben
wartend dass man sie neu entdeckt

vogelgesang grüßt aus den bäumen
hilft uns unser glück zu finden
sollten wir es einmal versäumen
werden wir auch das verwinden

wenn nach regen auf den zweigen
jedes tröpfchen sich als diamant vorstellt
bescheint die sonne alle geschöpfe
und wasser fürs leben dringt in die welt

wenn abends die werkstätten schweigen
die dunkelheit den tag vergisst
die menschen zur ruhe finden
wird mir bewusst was heimat ist

daheim

die vergangenheit
erobert meinen kopf
geruch von kühen und heu
milchkannen in kKinderhand
herumgeschleudert im wettbewerb
feuergesang knisternd
sommerspaß
katzen mit pfoten aus samt
ammoniak riecht nach pferdestall
die wohnung wenn obst eingekocht
fruchtsaftduft
lakritze im wasser
und gebackener gesang
wassergespräche
tropfen im rauschenden regen

gewittermusik

am abendhimmel dunkel drohend
im gewitterfarbenrausch
wachsen wolkenberge in die höhe
donnergrollen trifft unser ohr
gelbrot aus der dunkelheit
blitzen die dirigentenzeichen
des himmlichen orchesters hervor

jahreszeiten

erkenne es

das schicksal wartet auf dich
zaghaft nach dem winter
drängst du dem frühling zu
begrüßend das leben

unveränderbare zeiten
frühling folgt auf den winter
nach dem sommerlicht
werden die tage kürzer

doch in langen nächten
wächst in des winters stiller Zeit
der fötus des frühlings
bis er zur geburt bereit

erkennst du den kreislauf

LOB DER UNRUHE

Durch blühende Wiesen wand're
fernen Zielen zu.
Erlebend den Wechsel der Zeiten,
des Frühlings Aufbruch, die Sattheit des Sommers.
Freue dich über den farbigen Herbst
und gib auch im Winter nicht Ruh'.

Durch deine Gedanken wand're
den Lebenszielen zu.
Begreifend die biologischen Zeiten,
der Jugend Aufbruch, die Reife im Erwachsen sein.
Freue dich über ein erfülltes Leben,
aber setze dich niemals zur Ruh'.

Durch bunte Jahre wand're
immer der Zukunft zu.
Suchend nach dem Unbekannten,
der Gedanken Gehalt, der Kraft des Erkennens.
Freue dich über alle neuen Ideen
und gib, solange du lebst, keine Ruh'.

Noch einmal tauchen wir in die
Traumwelt der Liebe.
Genießen sie es.

Nur wer Liebe fühlt
kann über Liebe
schreiben

g.w.

TRAUMBILDER

Sie erscheinen in traumtiefer Nacht,
plötzlich und du weißt nicht woher,
ob es ängstlich oder glücklich macht,
siehst du nicht und wunderst dich sehr.

Träume erwecken Angst oder Lust,
lassen dich schwitzen oder erbeben.
Der Lust kannst du dich gerne ergeben,
bei Angst wache auf, es ist kein Verlust.

Träume werden in der Seele geboren.
Geht es dir gut, träumst du von Liebe,
solche Träume sind niemals verloren.

schlechte Träume lass' vor den Toren,
sie wecken nur schlechte Triebe,
ohne sie wirst du neu geboren.

wie ein schmetterling

deine liebe
schwebt wie ein schmetterling
durch bunte blumenwiesen
aus unzähligen blüten
trinke ich den nektar der träume
vom leben mit dir

WARTEN

Wartend stehe ich am Fenster
voller Sehnsucht dich zu sehen.
Am Himmel ist kein Sonnenschein
und meine Stimmung trübt sich ein.

Im Bauch die Schmetterlinge,
kreisen meine Liebe ein.
Und mein größter Herzenswunsch:
Lass mich bitte nicht allein!

FEIERABEND

Der Feierabend beginnt,
die vollendete Arbeit
entschwebt in die Vergangenheit.
Die freie Zeit annehmend,
will ich das Glück des Tages
und seine Vorzüge
mit all meiner Lust
erleben.

Herrlich wenn Wohlsein
in meine Seele rinnt.
Wenn an solchen Tagen
deine Liebe mir entgegenspringt
und du führst mich ins Leben,
dann weiß ich genau,
du lässt mich
erbeben.

FLIEGEN

Luft, die mich trägt, Fliegen,
im blauen Himmel schwebend,
Silberglanz in der Luft.

Ich fühle mich wie die Wolke
und spüre meinen Mut,
Geliebte.
Nicht aufzuhalten
das Fliegen.

Und die Gedanken erschauern
bei der Verschmelzung unserer Herzen.

DIE QUELLE

Vertraute du, stets von mir Geliebte,
oft überrascht von des Lebens Höhen
und Tiefen,
von den großen und kleinen,
umstrahlt vom Licht der Zutraulichkeit,
danke.
Danke, nicht nur für deine Zuneigung,
dein Vertrauen und die verborgene Kraft,
auch der strahlende Glanz deiner Augen,
die zuverlässige Sicherheit, die du mir gibst,
sind die Quellen meines Lebens.

LIEBE

Liebe macht blind,
Sie verwirrt, strengt an, ist schön.
Liebe ist, wenn wir glücklich sind,
Liebe lässt alles besser ausseh´n.

Liebe macht dumm,
Ist traurig, putscht auf, ist warm.
Liebe dreht das Leben um,
Liebe macht reich und arm.

Liebe macht glücklich,
Sie ängstigt, ist nötig, macht Mut.
Liebe macht unser Wesen fröhlich,
Liebe versetzt das Herz in Glut.

Liebe macht Frieden,
Sie berauscht, befreit dich, ist Beben
Liebe lässt Schmetterlinge fliegen,
Liebe ist alles - Liebe ist Leben.

der schrei

ein schrei zwischen deinen brüsten
in der hitze der liebe
verhallt im inneren ungehört
süßes zittern ergebnis
der lust

unbeschreiblich das lager im gras
insekten schauen verwundert zu
feuchte haut wird zum kühlenden nass
wonnige schauer schütteln mich
der schrei immer noch stumm
lässt meine hände zittern
er tönt immer lauter
und ist doch weiterhin still

meine stimme
du kannst sie nicht hören
damit unsere liebe die erlösung sei
pocht mein herz immer leiser
damit du ihn endlich hörst
meinen stummen schrei

MEIN HERZ ZITTERT

Mein Herz zittert
wie das Gras im Wind
bevor der Sturm ausbricht.

Deine Küsse Gewitterwolken
in meinem Kopf.
Meine Zurückhaltung zerbricht.

Du ergibst dich
wie ich mich ergebe.
Vor unendlichem Glück
zerplatzt meine Sicherheit
wie eine Seifenblase.

undine aus dem wasser

in den wellen sehe ich muscheln blitzen
wie silber strahlt das wasser der see
in dunkle tiefen reicht sonnenlicht
das ich auf der haut leuchten seh'

dort wo ich bin bläst vor dem wind
die raue natur mein segel dahin
ich bin in not ohne helfende hand
weil ich im treibenden boot alleine bin

ich spüre das wasser die wilden wellen
bin ein einsamer fisch im weltenmeer
undine du nixe lass mich nicht warten
komm hilf mir ich liebe dich sehr

BLUMENWIESEN

Zum Schluss möchte ich gerne einmal mit ihnen eintauchen in die Zauberwelt der Blumenwiesen.

Überlassen sie sich den bunten Farben, den berauschenden Düften, dem Gesang der Vögel und dem Gesumme fleißiger Insekten.

Blumenwiesen ziehen nicht nur Insekten wie Hummeln und Bienen an, sondern sie fesseln auch uns Menschen.

An Blumen und Blumenwiesen kann niemand vorübergehen ohne von ihrer Schönheit gefesselt zu werden.

Wenn sie die Augen schließen, kann es vorkommen, dass sie sich in ihrer Heimat wähnen oder an einem besonderen Lieblingsort.

Vielleicht hören sie das Brausen von Wasserfällen, oder das Rauschen der Wälder bei einer schönen Wanderung und sie verspüren, trotz allem Summen und Singen, eine wunderbare Stille.

Sonnige Blumenwiesen lassen das Frühlingserwachen zu einem Naturereignis werden in dem die schönen Seiten von Sommer, Herbst und Winter zu erahnen sind.

Kriege und Naturkatastrophen scheinen weit entfernt zu sein.

Augen zu!

Die vielen Blumen und ein erholsamer Schlaf verdrängen alles Elend, die Verzweiflung und

Not aus unseren Gedanken.

Wenn es doch immer so einfach wäre.

Am liebsten möchten wir abschalten von den Alltagssorgen, Abstand gewinnen von den großen Anforderungen des Lebens.

Aber natürlich geht das nicht immer von jetzt auf gleich.

Oft empfinden wir Angst, Angst vor dem Verlust unserer Sinnlichkeit.

Und doch gibt es eine Chance, unser Leben zu verändern, die Sinnlichkeit zu behalten und die Schönheiten des Universums neu zu entdecken.

Direkt vor unserer Haustür, auf einer bunten Wildkräuterwiese, beginnt das Abenteuer.

Wir begegnen den faszinierenden Pflanzen auf artenreichen Blumenwiesen, auf feuchten Böden, an trockenen Südhängen und in schattigen Wäldern, an Straßenböschungen und auf hoch gelegenen Alpweiden.

Zurück zur Natur!

Für immer mehr Menschen wird die Beschäftigung mit der Natur zu einer wichtigen zweiten Seite ihrer Lebensmedaille.

Kommen Sie mit mir nach draußen in die Natur.

Ich liebe Blumenwiesen!

Und ich liebe die Liebe. Ich habe immer noch einen Traum:

Wir sind zusammen, wir haben einen Garten und in diesem Garten wächst eine wunderschöne, große Wildblumenwiese, mit Blumen,

Kräutern und Insekten.

Wildblumen sind nicht nur wunderschön, sie sind auch vielfach die Grundlage für ein gesundes Leben.

Probieren sie es einfach einmal aus, legen sie sich mit ihrer bzw. ihrem Geliebten in eine Blumenwiese, erleben sie ihren eigenen Leib, ihren Geist und die Umwelt mit allen Sinnen.

DIE WIESE DES LEBENS

Geliebte Wiese, deine Blütenpracht,
ein zauberhaftes Farbenspiel.
Dass niemand die Welt zur Wüste macht
ist gesunde Natur ein wichtiges Ziel.

Die Feldlerche hoch über uns singt,
lauter als eine Wachtel rufen kann.
Lila ist die Farbe die die Malve mitbringt,
mit sattem blau treten Kornblumen an.

Wildwiesen mit ihren Tieren und Pflanzen,
wo zwischen Blüten Insekten schweben,
Schmetterlinge mit Schwebfliegen tanzen,
da ist auch ein Ort wo Wildbienen leben.

Sonnenblumen und Rittersporn dienen,
wie Sauerampfer und Buchweizenblüten,
nicht nur Hummeln und Honigbienen.
Wildkräuter sind - die Gesundheit zu hüten.

Ehrenpreis, Knöterich leben auf gutem Fuß,
mit Löwenzahn, Stiefmütterchen, Distelbaum,
Greiskraut, Storchschnabel und Gänsefuß,
in einem ganz natürlichen Lebensraum.

Solche Wiese zu sehen macht mich froh'.
Hier wo ich mich vom Alltag erquicke,
ist zwischen Blüten ein freier Insektenzoo,
zwischen Vogelmiere, Klatschmohn und Wicke.

Und nun noch Weidenröschen und Kamille,
dann wird mein Traum groß wie ein Fluss.
Es wachsen mein Mut und mein Wille
und die Sinnlichkeit wird zum Genuss.

INHALT

Günter Wülfrath ist 1941 in Wuppertal geboren.
Er legte nach vielen Jahren als Rezitator 2007
den Grundstein für die jährlich stattfindenden
Ronsdorfer Literaturtage „LIT.ronsdorf" in
Wuppertal und begann eigene Texte zu
verfassen.
Er schreibt vorwiegend Lyrik, Kurzgeschichten
und biografische Texte, die in diversen
Anthologien und Zeitschriften veröffentlicht
wurden.
2016 erschien der Lyrikband "Ich denke, also
bin ich" im NordPark-Verlag Wuppertal.
2018 erschienen bei BoD-Norderstedt der
Gedichtband „Ewig um die Sonne kreisend
dreht die Sonne uns ins Licht" und der Roman
„Vom Workaholic zum Sinnfinder".

VOM WORKAHOLIC ZUM SINNFINDER

Von Fischerhude und Worpswede ins Blaue Land.
Begegnungen mit Künstlerinnen und Künstlern in Worpswede, Fischerhude, Murnau, und Kochel, ebenso wie das Zusammentreffen von Freundschaft und Liebe sind der Rahmen, in dem ein Workaholic seine Sinnlichkeit neu entdeckt.
Lassen sie sich ein auf die Malerei, die Natur, die Freundschaft, die wunderbare Liebe und auf das alle Sinne umfassende Leben.

Verlag, BoD-Norderstedt   ISBN: 9783752822106

EWIG UM DIE SONNE KREISEND DREHT DIE ERDE UNS INS LICHT

In diesem Bändchen sind 87 Gedichte und eine Kurzgeschichte mit Texten über die unterschiedlichsten Themen versammelt.
Es geht um Krieg, Flucht, Freiheit, Umwelt und Liebe und darum, was mit uns gemacht wird, oder was wir selber tun. Wenn Sie z.B. wissen wollen, was eine Utopie mit einem Sonnenaufgang zu tun hat, oder was in einem Garten passiert, finden Sie hier eine Antwort.

Verlag, BoD-Norderstedt ISBN: 9783752820041

ICH DENKE, ALSO BIN ICH (Gedichte)

 Wir sollten die Gedanken, die uns besonders lieb und wichtig sind und von denen wir glauben, dass ohne sie unser Seelenleben wie der Schnee in der Sonne dahin schmelzen würde, zwar nicht in Jahrtausend alter Keilschrift schreiben, aber, sie in Worte fassen und in kostbaren Büchern unterbringen, um sie für alle Zeit zu konservieren.

Ob wir traurig, glücklich, zuversichtlich oder enttäuscht sind, immer haben wir Bücher, die unsere Trauer erleichtern, mit denen wir unser Glück teilen und unsere Enttäuschung in Zuversicht verwandeln.

Nord Park Verlag Wuppertal   ISBN: 9783943940268